# 50 Recetas de Felicidad Casera

Por: Kelly Johnson

# Table of Contents

- Sándwich de aguacate y huevo
- Ensalada de quinoa y mango
- Batido de plátano y fresa
- Tacos de pescado
- Sopa de calabaza y jengibre
- Pollo al limón con hierbas
- Pasta al pesto
- Pan casero integral
- Bowl de acai con frutas
- Crepes de avena y miel
- Pizza vegetariana
- Tortilla de espinacas y queso
- Ensalada caprese
- Galletas de avena y pasas
- Muffins de zanahoria
- Smoothie verde detox
- Curry de garbanzos

- Guiso de verduras
- Tostadas francesas
- Burritos de desayuno
- Ensalada de garbanzos y tomate
- Sándwich club de pavo
- Panqueques de avena
- Guacamole casero
- Sopa miso con tofu
- Frittata de verduras
- Arroz con verduras salteadas
- Hamburguesas vegetarianas
- Ensalada de lentejas
- Pastel de zanahoria saludable
- Batido de mango y yogur
- Ensalada griega
- Chili vegetariano
- Wraps de lechuga y pollo
- Cazuela de batata y frijoles
- Tostadas con hummus y tomate

- Sopa de tomate asado
- Omelette de champiñones
- Bowl de buda con quinoa
- Ensalada César ligera
- Pan de semillas
- Pollo al horno con hierbas
- Galletas caseras sin azúcar
- Pasta con salsa de tomate natural
- Batido de frutos rojos
- Tostadas de aguacate y tomate
- Ensalada de espinacas y nueces
- Sopa de lentejas roja
- Quiche de verduras
- Yogur con miel y nueces

## Sándwich de aguacate y huevo

### Ingredientes:

- 2 rebanadas de pan integral tostado
- 1 aguacate maduro
- 2 huevos
- Sal y pimienta al gusto
- Jugo de limón (opcional)
- Hojas de lechuga o espinaca (opcional)

### Preparación:

1. Cocina los huevos a tu gusto (pueden ser fritos, pochados o revueltos).
2. Machaca el aguacate y mezcla con un poco de sal, pimienta y jugo de limón.
3. Unta el aguacate en una rebanada de pan.
4. Coloca el huevo y las hojas verdes si quieres.
5. Cubre con la otra rebanada y sirve.

**Ensalada de quinoa y mango**

**Ingredientes:**

- 1 taza de quinoa cocida y enfriada
- 1 mango maduro cortado en cubos
- 1/2 pepino cortado en cubos
- 1/4 taza de cebolla morada picada
- Jugo de 1 lima
- Cilantro picado al gusto
- Sal y pimienta al gusto

**Preparación:**

1. Mezcla la quinoa con mango, pepino y cebolla.
2. Añade el jugo de lima, cilantro, sal y pimienta.
3. Revuelve bien y sirve fresca.

## Batido de plátano y fresa

**Ingredientes:**

- 1 plátano maduro
- 1 taza de fresas frescas o congeladas
- 1 taza de leche (puede ser vegetal)
- 1 cdita de miel o azúcar (opcional)
- Hielo al gusto

**Preparación:**

1. Coloca todos los ingredientes en la licuadora.
2. Licúa hasta obtener una mezcla cremosa y homogénea.
3. Sirve inmediatamente.

## Tacos de pescado

### Ingredientes:

- 300 g de filetes de pescado blanco (merluza, tilapia, etc.)
- Jugo de 1 limón
- 1 cdita de comino
- Sal y pimienta
- Tortillas de maíz o harina
- Repollo rallado
- Salsa de tu preferencia (mayonesa, pico de gallo, etc.)

### Preparación:

1. Marina el pescado con limón, comino, sal y pimienta por 15 minutos.
2. Cocina el pescado a la plancha o sartén hasta que esté dorado.
3. Calienta las tortillas.
4. Arma los tacos con pescado, repollo y salsa.

**Sopa de calabaza y jengibre**

**Ingredientes:**

- 500 g de calabaza pelada y cortada
- 1 cebolla picada
- 1 diente de ajo
- 1 cdita de jengibre rallado
- 500 ml caldo de verduras
- 200 ml leche de coco (opcional)
- Sal y pimienta

**Preparación:**

1. Sofríe cebolla, ajo y jengibre.
2. Añade la calabaza y el caldo. Cocina hasta que la calabaza esté tierna.
3. Licúa hasta obtener una crema.
4. Agrega leche de coco si deseas y ajusta sal y pimienta.

**Pollo al limón con hierbas**

**Ingredientes:**

- 4 pechugas de pollo
- Jugo y ralladura de 1 limón
- 2 dientes de ajo picados
- 1 cda de hierbas frescas picadas (romero, tomillo, perejil)
- Sal, pimienta y aceite de oliva

**Preparación:**

1. Marina el pollo con limón, ajo, hierbas, sal, pimienta y aceite por al menos 30 minutos.
2. Cocina en sartén o al horno hasta que esté dorado y cocido.

## Pasta al pesto

### Ingredientes:

- 300 g de pasta (tu favorita)
- 1 taza de hojas de albahaca fresca
- 1/4 taza de piñones o nueces
- 1/2 taza de queso parmesano rallado
- 1 diente de ajo
- 1/2 taza de aceite de oliva
- Sal y pimienta

### Preparación:

1. Cocina la pasta según instrucciones y reserva un poco del agua de cocción.
2. En una licuadora o procesador, mezcla albahaca, nueces, ajo y queso.
3. Agrega el aceite poco a poco hasta obtener una salsa cremosa.
4. Mezcla la pasta con el pesto, añadiendo un poco del agua reservada para ajustar textura.

**Pan casero integral**

**Ingredientes:**

- 3 tazas de harina integral
- 1 taza de harina de trigo
- 2 cditas de levadura seca
- 1 1/2 taza de agua tibia
- 1 cdita de sal
- 1 cda de aceite de oliva
- 1 cdita de miel o azúcar

**Preparación:**

1. Mezcla agua tibia con levadura y miel, deja reposar 10 minutos.
2. En un bol grande, mezcla las harinas y la sal.
3. Añade la mezcla de levadura y el aceite, amasa hasta obtener una masa suave.
4. Deja levar tapada 1-2 horas hasta que doble volumen.
5. Forma un pan y hornea a 200 °C por 35-40 minutos.

## Bowl de açaí con frutas

**Ingredientes:**

- 100 g de pulpa de açaí congelada
- 1 plátano maduro
- 1/2 taza de frutas congeladas (arándanos, fresas, mango)
- 1/4 taza de jugo de naranja o leche vegetal
- Frutas frescas para decorar (kiwi, fresas, plátano)
- Granola y semillas al gusto

**Preparación:**

1. Licúa la pulpa de açaí con el plátano, frutas congeladas y jugo hasta obtener una mezcla cremosa y espesa.
2. Vierte en un bowl y decora con frutas frescas, granola y semillas.

**Crepes de avena y miel**

**Ingredientes:**

- 1 taza de avena molida (harina de avena)
- 1 taza de leche (puede ser vegetal)
- 1 huevo
- 1 cda de miel
- 1 pizca de sal
- Aceite o mantequilla para cocinar

**Preparación:**

1. Mezcla todos los ingredientes hasta formar una masa líquida homogénea.
2. Calienta una sartén antiadherente y vierte un poco de mezcla, extendiendo bien.
3. Cocina 2 minutos por cada lado o hasta que esté dorada.
4. Sirve con miel o frutas.

**Pizza vegetariana**

**Ingredientes:**

- Masa para pizza
- Salsa de tomate
- Queso mozzarella rallado
- Pimientos, champiñones, cebolla, aceitunas, calabacín (o tus verduras favoritas)
- Orégano y albahaca

**Preparación:**

1. Precalienta el horno a 220 °C.
2. Extiende la masa, cubre con salsa y queso.
3. Agrega las verduras y espolvorea orégano y albahaca.
4. Hornea 15-20 minutos o hasta que el queso se derrita y la masa esté dorada.

## Tortilla de espinacas y queso

**Ingredientes:**

- 3 huevos
- 1 taza de espinacas frescas picadas
- 50 g de queso rallado (mozzarella, cheddar o el que prefieras)
- Sal y pimienta

**Preparación:**

1. Bate los huevos con sal y pimienta.
2. Añade las espinacas y el queso.
3. Cocina en sartén antiadherente a fuego medio hasta que cuaje.

**Ensalada caprese**

**Ingredientes:**

- Tomates maduros en rodajas
- Queso mozzarella fresco en rodajas
- Hojas de albahaca fresca
- Aceite de oliva extra virgen
- Sal, pimienta y reducción de balsámico (opcional)

**Preparación:**

1. Alterna rodajas de tomate y mozzarella en un plato.
2. Coloca hojas de albahaca encima.
3. Rocía con aceite, sal, pimienta y un poco de reducción balsámica.

**Galletas de avena y pasas**

**Ingredientes:**

- 1 taza de avena en hojuelas
- 1/2 taza de harina integral
- 1/2 taza de azúcar morena
- 1/4 taza de aceite de coco o mantequilla derretida
- 1 huevo
- 1/2 taza de pasas
- 1 cdita de polvo de hornear
- 1/2 cdita de canela

**Preparación:**

1. Mezcla el huevo con el azúcar y el aceite.
2. Añade avena, harina, polvo de hornear, canela y pasas.
3. Forma bolitas y coloca en una bandeja con papel de horno.
4. Hornea a 180 °C por 12-15 minutos.

## Muffins de zanahoria

### Ingredientes:

- 1 taza de harina integral
- 1 taza de zanahoria rallada
- 1/2 taza de azúcar morena
- 1/3 taza de aceite vegetal
- 2 huevos
- 1 cdita de polvo de hornear
- 1/2 cdita de canela
- 1/4 cdita de sal
- 1/2 taza de nueces picadas (opcional)

### Preparación:

1. Mezcla los huevos con el azúcar y aceite.
2. Añade harina, polvo de hornear, canela y sal.
3. Incorpora la zanahoria y nueces.
4. Vierte en moldes para muffins y hornea a 180 °C por 20-25 minutos.

**Smoothie verde detox**

**Ingredientes:**

- 1 taza de espinacas frescas
- 1 manzana verde
- 1/2 pepino
- Jugo de 1 limón
- 1 trozo pequeño de jengibre fresco
- 1 taza de agua o agua de coco

**Preparación:**

1. Coloca todos los ingredientes en la licuadora.
2. Licúa hasta obtener una mezcla homogénea.
3. Sirve frío.

## Curry de garbanzos

### Ingredientes:

- 2 tazas de garbanzos cocidos
- 1 cebolla picada
- 2 dientes de ajo picados
- 1 trozo de jengibre rallado
- 1 lata de leche de coco
- 2 cdas de pasta de curry (rojo o amarillo)
- 1 tomate picado
- Aceite, sal y cilantro fresco

### Preparación:

1. Sofríe cebolla, ajo y jengibre en aceite hasta dorar.
2. Añade la pasta de curry y tomate, cocina 2 minutos.
3. Incorpora los garbanzos y leche de coco. Cocina a fuego medio 15 minutos.
4. Ajusta sal, espolvorea cilantro y sirve con arroz.

**Guiso de verduras**

**Ingredientes:**

- 1 zanahoria en cubos
- 1 papa en cubos
- 1 calabacín en rodajas
- 1 cebolla picada
- 1 pimiento rojo picado
- 2 tomates picados
- Caldo de verduras
- Aceite, sal, pimienta, hierbas (tomillo, laurel)

**Preparación:**

1. Sofríe cebolla y pimiento en aceite.
2. Añade zanahoria, papa, calabacín y tomates.
3. Cubre con caldo, agrega hierbas, sal y pimienta.
4. Cocina a fuego medio hasta que las verduras estén tiernas.

**Tostadas francesas**

**Ingredientes:**

- 4 rebanadas de pan
- 2 huevos
- 1/2 taza de leche
- 1 cdita de canela
- 1 cdita de vainilla
- Mantequilla para freír
- Miel o sirope para acompañar

**Preparación:**

1. Bate huevos con leche, canela y vainilla.
2. Remoja las rebanadas en la mezcla.
3. Fríe en mantequilla hasta dorar ambos lados.
4. Sirve con miel o sirope.

**Burritos de desayuno**

**Ingredientes:**

- Tortillas de harina
- Huevos revueltos
- Frijoles negros cocidos
- Queso rallado
- Aguacate en rodajas
- Salsa al gusto

**Preparación:**

1. Calienta la tortilla.
2. Rellena con huevos, frijoles, queso y aguacate.
3. Añade salsa, enrolla y sirve.

## Ensalada de garbanzos y tomate

### Ingredientes:

- 1 lata de garbanzos escurridos
- 2 tomates picados
- 1/4 cebolla morada picada
- Perejil picado
- Aceite de oliva, jugo de limón, sal y pimienta

### Preparación:

1. Mezcla todos los ingredientes.
2. Aliña con aceite, limón, sal y pimienta.
3. Refrigera un rato antes de servir.

**Sándwich club de pavo**

**Ingredientes:**

- 3 rebanadas de pan tostado
- Pechuga de pavo en lonchas
- Lechuga, tomate, tocino crujiente
- Mayonesa
- Queso (opcional)

**Preparación:**

1. Unta mayonesa en el pan.
2. Arma capas con pavo, lechuga, tomate y tocino.
3. Cubre con la última rebanada y corta en triángulos.

## Panqueques de avena

### Ingredientes:

- 1 taza de avena molida
- 1 huevo
- 1 taza de leche (puede ser vegetal)
- 1 cdita de polvo de hornear
- 1 cda de azúcar (opcional)

### Preparación:

1. Mezcla todos los ingredientes hasta obtener masa homogénea.
2. Cocina porciones en sartén antiadherente hasta dorar por ambos lados.

**Guacamole casero**

**Ingredientes:**

- 2 aguacates maduros
- 1 tomate picado
- 1/4 cebolla picada
- Jugo de 1 limón
- Cilantro picado
- Sal y chile al gusto

**Preparación:**

1. Machaca los aguacates.
2. Mezcla con tomate, cebolla, cilantro y jugo de limón.
3. Salpica con sal y chile al gusto.

**Sopa miso con tofu**

**Ingredientes:**

- 4 tazas de caldo dashi o vegetal
- 3 cdas de pasta miso
- 100 g de tofu en cubos
- Cebollín picado
- Algas wakame (opcional)

**Preparación:**

1. Calienta el caldo sin que llegue a hervir.
2. Disuelve la pasta miso en un poco de caldo y agrégala.
3. Añade el tofu y las algas.
4. Sirve con cebollín picado.

## Frittata de verduras

**Ingredientes:**

- 6 huevos
- 1/2 taza de leche
- 1 taza de verduras picadas (pimiento, espinaca, cebolla, calabacín)
- Sal y pimienta
- Aceite

**Preparación:**

1. Precalienta el horno a 180°C.
2. Bate los huevos con la leche, sal y pimienta.
3. Saltea las verduras en aceite hasta que estén tiernas.
4. Mezcla las verduras con los huevos y vierte en un molde para horno.
5. Hornea 20-25 minutos hasta que esté cuajado.

**Arroz con verduras salteadas**

**Ingredientes:**

- 1 taza de arroz cocido
- 1 taza de verduras variadas (zanahoria, brócoli, pimiento)
- 2 dientes de ajo picados
- Salsa de soja
- Aceite de sésamo o vegetal

**Preparación:**

1. Saltea el ajo en aceite.
2. Añade las verduras y cocina hasta tiernas pero crujientes.
3. Incorpora el arroz y mezcla bien.
4. Agrega salsa de soja al gusto y sirve.

**Hamburguesas vegetarianas**

**Ingredientes:**

- 1 taza de lentejas cocidas
- 1/2 taza de avena molida
- 1 cebolla picada
- 2 dientes de ajo picados
- Sal, pimienta, comino
- Aceite para freír

**Preparación:**

1. Tritura las lentejas y mezcla con avena, cebolla, ajo y especias.
2. Forma hamburguesas.
3. Fríelas en aceite hasta dorar ambos lados.

**Ensalada de lentejas**

**Ingredientes:**

- 1 taza de lentejas cocidas
- 1 tomate picado
- 1/4 cebolla morada picada
- Perejil picado
- Aceite de oliva, vinagre, sal y pimienta

**Preparación:**

1. Mezcla todos los ingredientes.
2. Aliña con aceite, vinagre, sal y pimienta al gusto.

## Pastel de zanahoria saludable

**Ingredientes:**

- 2 tazas de zanahoria rallada
- 1 taza de harina integral
- 2 huevos
- 1/2 taza de miel o sirope de agave
- 1/4 taza de aceite de oliva
- 1 cdita de canela
- 1 cdita de polvo de hornear

**Preparación:**

1. Mezcla huevos, miel y aceite.
2. Añade la harina, polvo de hornear y canela.
3. Incorpora la zanahoria rallada.
4. Hornea a 180°C por 35-40 minutos.

**Batido de mango y yogur**

**Ingredientes:**

- 1 mango maduro
- 1 taza de yogur natural
- 1/2 taza de leche o bebida vegetal
- Miel al gusto

**Preparación:**

1. Licúa todos los ingredientes hasta obtener una mezcla suave.
2. Sirve frío.

## Ensalada griega

**Ingredientes:**

- Tomate, pepino, cebolla roja, aceitunas negras
- Queso feta desmenuzado
- Orégano, aceite de oliva, jugo de limón
- Sal y pimienta

**Preparación:**

1. Corta los vegetales y mezcla con el queso.
2. Aliña con aceite, limón, sal, pimienta y orégano.

**Chili vegetariano**

**Ingredientes:**

- 1 taza de frijoles negros cocidos
- 1 taza de maíz
- 1 pimiento rojo picado
- 1 cebolla picada
- 2 dientes de ajo
- 1 lata de tomate triturado
- Comino, chile en polvo, sal y pimienta

**Preparación:**

1. Sofríe cebolla, ajo y pimiento.
2. Añade los frijoles, maíz y tomate.
3. Condimenta y cocina 20 minutos.

**Wraps de lechuga y pollo**

**Ingredientes:**

- Hojas grandes de lechuga
- Pechuga de pollo cocida y desmenuzada
- Zanahoria rallada, pepino en tiras
- Salsa de yogur o tu favorita

**Preparación:**

1. Coloca pollo y verduras sobre la hoja de lechuga.
2. Añade salsa y enrolla como un wrap.

## Cazuela de batata y frijoles

### Ingredientes:

- 2 batatas medianas, peladas y cortadas en cubos
- 1 taza de frijoles negros cocidos
- 1 cebolla picada
- 2 dientes de ajo picados
- 1 pimiento rojo picado
- 1 tomate picado
- 1 cdita de comino
- Sal y pimienta
- Aceite de oliva

### Preparación:

1. Precalienta el horno a 180°C.
2. Saltea cebolla, ajo y pimiento en aceite hasta que estén tiernos.
3. Añade tomate, comino, sal y pimienta y cocina unos minutos.
4. En un recipiente para horno mezcla las batatas, frijoles y el sofrito.
5. Hornea durante 30-35 minutos hasta que la batata esté tierna.

**Tostadas con hummus y tomate**

**Ingredientes:**

- Rebanadas de pan integral o tu favorito
- Hummus (casero o comprado)
- Tomates cherry cortados a la mitad
- Aceite de oliva
- Sal, pimienta y orégano

**Preparación:**

1. Tuesta el pan a tu gusto.
2. Unta hummus sobre cada rebanada.
3. Coloca los tomates encima, rocía con aceite de oliva, salpimienta y espolvorea orégano.

**Sopa de tomate asado**

**Ingredientes:**

- 6 tomates maduros cortados a la mitad
- 1 cebolla
- 3 dientes de ajo
- 2 tazas de caldo de verduras
- Aceite de oliva
- Sal y pimienta

**Preparación:**

1. Precalienta el horno a 200°C.
2. Coloca tomates, cebolla y ajo en una bandeja, rocía con aceite, sal y pimienta.
3. Asa por 25-30 minutos.
4. Licúa los vegetales asados con el caldo hasta obtener una sopa cremosa.
5. Calienta y ajusta la sazón.

**Omelette de champiñones**

**Ingredientes:**

- 3 huevos
- 1 taza de champiñones laminados
- 1/4 cebolla picada
- Sal y pimienta
- Aceite o mantequilla

**Preparación:**

1. Saltea cebolla y champiñones hasta que estén dorados.
2. Bate los huevos con sal y pimienta.
3. Vierte los huevos sobre los champiñones y cocina a fuego medio hasta cuajar.
4. Dobla y sirve.

**Bowl de buda con quinoa**

**Ingredientes:**

- 1 taza de quinoa cocida
- 1/2 taza de garbanzos cocidos
- 1 zanahoria rallada
- 1/2 aguacate en rebanadas
- Hojas verdes (espinaca, lechuga)
- Salsa tahini o tu aderezo favorito

**Preparación:**

1. En un bowl, coloca la quinoa como base.
2. Añade garbanzos, zanahoria, aguacate y hojas verdes.
3. Rocía con la salsa y mezcla al momento de comer.

## Ensalada César ligera

### Ingredientes:

- Lechuga romana
- 2 cucharadas de yogur natural
- 1 diente de ajo picado
- 1 cdita de mostaza Dijon
- Jugo de 1 limón
- 2 cdas de queso parmesano rallado
- Sal y pimienta

### Preparación:

1. Mezcla yogur, ajo, mostaza, limón, parmesano, sal y pimienta para hacer el aderezo.
2. Lava y trocea la lechuga.
3. Vierte el aderezo sobre la lechuga y mezcla bien.

## Pan de semillas

### Ingredientes:

- 3 tazas de harina integral
- 1/2 taza de mezcla de semillas (girasol, calabaza, lino, sésamo)
- 1 cdita de sal
- 1 cdita de levadura seca
- 1 1/4 tazas de agua tibia
- 1 cda de aceite de oliva

### Preparación:

1. Mezcla harina, semillas, sal y levadura.
2. Añade agua y aceite, mezcla y amasa hasta obtener una masa homogénea.
3. Deja reposar 1 hora hasta que doble su tamaño.
4. Forma un pan, hornea a 200°C por 30-35 minutos.

## Pollo al horno con hierbas

### Ingredientes:

- 4 muslos o pechugas de pollo
- 2 dientes de ajo picados
- 1 cda de tomillo fresco
- 1 cda de romero fresco
- Jugo de 1 limón
- Aceite de oliva
- Sal y pimienta

### Preparación:

1. Precalienta el horno a 200°C.
2. Mezcla ajo, hierbas, limón, aceite, sal y pimienta.
3. Unta el pollo con la mezcla.
4. Hornea 35-40 minutos hasta que esté dorado y cocido.

## Galletas caseras sin azúcar

### Ingredientes:

- 1 taza de harina integral
- 1/2 taza de puré de plátano maduro (como endulzante natural)
- 1/4 taza de aceite de coco o vegetal
- 1 cdita de polvo de hornear
- 1 cdita de esencia de vainilla
- 1/2 taza de avena
- Opcional: nueces picadas o chips de chocolate sin azúcar

### Preparación:

1. Precalienta el horno a 180°C.
2. Mezcla el puré de plátano con el aceite y la vainilla.
3. Añade la harina, avena y polvo de hornear, mezcla hasta formar una masa.
4. Forma pequeñas bolitas y aplástalas en una bandeja con papel de horno.
5. Hornea 12-15 minutos hasta que estén doradas.

**Pasta con salsa de tomate natural**

**Ingredientes:**

- 200 g de pasta (tu favorita)
- 4 tomates maduros
- 2 dientes de ajo
- 1/4 cebolla
- Aceite de oliva
- Sal, pimienta, albahaca fresca

**Preparación:**

1. Cocina la pasta según indicaciones.
2. Pica cebolla y ajo, sofríe en aceite.
3. Añade los tomates picados, sal, pimienta y cocina a fuego medio hasta que espese.
4. Incorpora albahaca fresca.
5. Mezcla la salsa con la pasta y sirve.

## Batido de frutos rojos

**Ingredientes:**

- 1 taza de frutos rojos congelados (fresas, frambuesas, arándanos)
- 1 plátano maduro
- 1 taza de leche vegetal o yogur natural
- Opcional: 1 cda de semillas de chía o lino

**Preparación:**

1. Licúa todos los ingredientes hasta obtener una mezcla homogénea.
2. Sirve frío.

**Tostadas de aguacate y tomate**

**Ingredientes:**

- 2 rebanadas de pan integral
- 1 aguacate maduro
- 1 tomate en rodajas
- Sal, pimienta y jugo de limón

**Preparación:**

1. Tuesta el pan.
2. Machaca el aguacate con sal, pimienta y limón.
3. Unta el aguacate sobre el pan y coloca las rodajas de tomate encima.

**Ensalada de espinacas y nueces**

**Ingredientes:**

- 2 tazas de espinacas frescas
- 1/4 taza de nueces picadas
- 1/4 cebolla morada en rodajas finas
- Aceite de oliva, vinagre balsámico, sal y pimienta

**Preparación:**

1. Mezcla todos los ingredientes en un bol.
2. Adereza con aceite, vinagre, sal y pimienta al gusto.

## Sopa de lentejas roja

**Ingredientes:**

- 1 taza de lentejas rojas
- 1 cebolla picada
- 2 zanahorias picadas
- 2 dientes de ajo
- 1 litro de caldo de verduras
- 1 cdita de comino
- Sal y pimienta

**Preparación:**

1. Sofríe cebolla, ajo y zanahoria.
2. Añade las lentejas y el caldo, comino, sal y pimienta.
3. Cocina a fuego medio hasta que las lentejas estén tiernas (20-25 min).
4. Licúa si deseas una textura cremosa.

## Quiche de verduras

**Ingredientes:**

- Masa quebrada para quiche
- 3 huevos
- 1 taza de leche o crema ligera
- Verduras al gusto (espinacas, champiñones, pimientos)
- Sal, pimienta y queso rallado

**Preparación:**

1. Prehornea la masa 10 minutos a 180°C.
2. Saltea las verduras.
3. Bate huevos con leche, sal, pimienta y mezcla con las verduras.
4. Vierte sobre la masa y espolvorea queso.
5. Hornea 25-30 minutos hasta que cuaje.

**Yogur con miel y nueces**

**Ingredientes:**

- 1 taza de yogur natural o griego
- 1 cda de miel
- 2 cdas de nueces picadas

**Preparación:**

1. Sirve el yogur en un bol.
2. Añade la miel por encima y espolvorea las nueces.

www.ingramcontent.com/pod-product-compliance
Lightning Source LLC
LaVergne TN
LVHW081328060526
838201LV00055B/2522